달팽이의 주문

정애경 시조집

달팽이의 주문

지은이 · 정애경
펴낸이 · 민병도
펴낸곳 · 목언예원

초판 인쇄 : 2025년 7월 25일
초판 발행 : 2025년 7월 31일

목언예원
출판등록 : 2003년 2월 28일 제8호
경북 청도군 금천면 선바위길 53 (신지2리 390-2)
전화 : 054-371-3544 (팩스겸용)
E-mail : mbdo@daum.net

ISBN 979-11-93276-28-0 03810

본 사업은 2025년 부산광역시 부산문화재단 부산문화예술지원 사업으로 지원받았습니다.
저자와의 협의에 의해 인지를 생략합니다.

값 12,000원

달팽이의 주문

정애경 시조집

목언예실

■ 시인의 말

달팽이 한 마리
느릿느릿 길을 나선다

나선형
푸른 집을 빠져나와

마침내
떠나는 여행

자갈길, 가시밭길
맨몸으로 밀고 가는
바짝 마른 마음

시조비 반짝 내려

흠뻑 젖게 하리라 믿으며

2025년 여름 몰운대에서

정애경

CONTENTS
달팽이의 주문

PART 00 | **시인의 말** • 5

PART 01 | **제1부** • 11

    001   거스러미 1 • 13

    002   애기사과나무 • 14

    003   도깨비풀 • 15

    004   국수 • 16

    005   산목련에게 • 17

    006   버스킹 • 18

    007   만월 • 19

    008   월동 • 20

    009   얼레지 • 21

    010   시소 • 22

    011   땅끝으로 • 23

    012   요람까지 • 24

— 정애경 시조집

PART 02 | 제2부 • 25

- 001 프랙탈 • 27
- 002 거스러미 2 • 28
- 003 309번지 우물 • 29
- 004 늙은 등나무 • 30
- 005 전입신고 • 31
- 006 눈이 큰 우물 • 32
- 007 그 술에 내가 먹힌다 • 33
- 008 밀착 • 34
- 009 염殮 • 35
- 010 Om • 36
- 011 수평선 • 37
- 012 박수칠 때 • 38

PART 03 | **제3부** • 39

001 달팽이의 주문 • 41

002 켄트로사우루스 • 42

003 땡감 • 43

004 단감 • 44

005 빨랫돌 • 45

006 미운 오리새끼 • 46

007 네 발 내 발 • 47

008 그래도 반짝, • 48

009 홈 가드닝 • 49

010 바람 맞다 • 50

011 화염꽃 • 51

012 와우! • 52

PART 04 | **제4부** • 53

001 불통 • 55

002 갯배 • 56

003 아바이, 아바이 • 57

004 바둑 • 58

005 시리야, 너 뿐인, • 59

006 냉장고 • 60

007 분홍 부리 • 61

008 홍의紅依 그 너머 • 62

009 양원역에서 • 63

010 펄랑못 • 64

011 고니 날다 • 65

012 발효 • 66

PART 05 | **제5부** • 67

001 가덕물길 • 69

002 동궁, 월지에 빠지다 • 70

003 엄지의 변명 • 71

004 돌담 • 72

005 거울의 시차 • 73

006 면벽 • 74

007 입주 • 75

008 그로데스크 • 76

009 동굴에 들다 • 77

010 데칼코마니 • 78

011 내 이름은 초록 • 79

012 단란한 식사 • 80

PART 06 | **작품 해설** • 81

제1부

거스러미 1

손톱깎이 깊숙이 어제를 들이민다
굳은살 가지 치는 거스러미 자르다가
내 살을 나도 모르게 베고 만 우둔함

손톱 가 찔끔찔끔 맺힌 피가 울컥하다
뿌리를 뽑지 못해 자꾸자꾸 자라나서
어느새 어제를 끌고 내 앞에서 잘린 오늘

뿌리 묻은 피고름 짜내고 긁어내면
손톱달 함초롬히 피워내는 분홍 살점
덜 아문 저녁을 거두는 거스러미 몇 톨

애기사과나무

꽃 하나 떨어지면 마음 먼저 져 버리고

사과 한 알 떨어지면 다 졌다 그랬는데

저 몰래 애기사과나무 자란 걸까 발밑에

볼 붉은 열매 한 알 떨고 있는 베이비 박스

뿌리부터 표피까지 물관 타고 흘렀을

자디잔 씨앗의 등정 까치발을 세운다

도깨비풀

달라붙고 따라붙고

떼어내고 떨쳐내고

내 몸이 돗바늘집

촘촘촘 따끔따끔

네 죽어 내가 사는 생

이승의 끝 마름질

국수

몸피를 늘이다가 느닷없이 찬물세례
발 뻗고 활개 치다 어김없이 또 한 번
부풀어 세상을 넘보다 움찔하는 자라목

이만하면 됐다고 스스로 안도할 때
몸뚱이째 꺼들려서 삼 세 번 찬물 샤워
차지고 쫄깃한 면발 깊은 은유 찰랑인다

엉키지 않으려고 쉼 없는 젓가락질
세상사 그냥 얻는 게 아니라고 건넨 위로
물기를 탈탈 털어낸 온몸의 시어 탱탱하다

산목련에게

솔소반에 고이 앉힌 물오른 흰살생선

때 늦은 서른 송이 다잡아 피우듯이

내 고운 살점만 골라 네 숟갈에 올린다

고루 폭 익지 못한 봄기운이 목에 걸려

너는 몇 번 씹다 뱉다 채 삼키지 못하는데

꽃대궁 으스러지도록 드러나는 앙상한 뼈

덧나던 생채기에 굳은살 앉은 네 몸

수줍게 필 듯 말 듯 치켜든 하얀 촛불

화알짝 언제 필 거니 나에게만 말해주렴

버스킹

때아닌 병원 복도 버스킹 펼쳐진다

허리 잘린 창가에 오가는 막대 인형

몸통에 묶인 팔다리 흔들흔들 추는 떼 춤

날아서 갈 수 없어 표정만 가는 길목

한 길 건너 또 한 길이 일어서는 하단 오거리

구름도 발이 걸려서 풀어지는 저녁답

만월

한나절 쭈그려서 아들이 업어온 달

줌 렌즈 들이대니 울퉁불퉁 검은 얼룩

말갛게 빛나는 얼굴 속없이도 살았다

저 많은 얼룩무늬 저를 키운 흔적인 줄

그 피로 지은 아들 언제 벌써 읽었는지

억만년 먼 먼 거리도 순식간에 당겨지고

세상의 어둠조차 온몸으로 받아내던

여물고 그득하여 이제 이울 일만 남은

새달이 차오르도록 제 몸 깎는 보름달

월동

월동무는 비워내고 소주병이 모여있다

풀죽은 마대자루 한껏 추킨 허리춤

달큰한 만삭의 기억 바람 앞에 시리다

단맛 쓴맛 비워내고 껍데기만 남은 술병

폭락한 뭇값 따라 겨울은 더디 가도

다시 갈 제주 돌담 밭 하얀 무꽃 환하다

얼레지

아린 속 뚫고 나와 얼룩진 잎새 문장
가로세로 아로새긴 글월도 못된 무늬
일곱 해 움츠려 세운 꽃대 하나 올린다

고인 물 가슴께로 방망이질 치는 비탈
바람을 껴안으며 그 음절을 이어가고
꽃잎에 쓰고 또 쓰면 맴맴 도는 말이 된다

햇살이 두근대며 꽃길로 번질 즈음
이윽고 말문 터진 보라꽃 울컥 핀다
홀라당 젖혀 쓴 치마, 스민 꿀도 다디단

시소

그대와 나 마주 앉아 저울질하는 그때
세상이 지렛대로 실어주는 무게중심
오르고 또 내려오는 힘겨루기 팽팽하다

내 무게에 주저앉아 엉덩방아 찧으면
푸르른 멍자국이 꼬리뼈에 선명하고
더 많이 내려갈수록 차고 오를 일만 남았네

누군가 슬피 울 때 그대는 웃을 거야
그대 지쳐 내려올 땐 내가 크게 웃진 않았나
저 멀리 푸른 하늘이 글썽글썽 나도 글썽

땅끝으로

어둠이 손짓하는 해 저문 땅끝마을
멀리서 기어 온다 구물구물 땅거미
온 바다 검게 뒤덮은 가느다란 팔다리

마디를 옥죄어오는 거미줄에 묶인 몸
저녁놀 잔불로도 지펴지지 않는 가슴
까무룩 풋잠에 빠져 함께 우는 다도해

요람까지

앞장선 유모차가 노모를 끌고 간다
아이를 실었다가 짐 꾸러미 실었다가
노모를 태운 유모차 숨이 차는 오르막

활처럼 휜 저 등에 지고 나른 수많은 짐
뼈마디 녹여가며 가던 길 따라가면
아이 적 그 요람까지 다다를 수 있을까

제2부

프랙탈

뭉치고 풀어지고
흩어지고 모이고

양떼구름 조개구름
새털구름 두루마리구름

스르륵 스미고 번져
그려내는 하늘 그림

거스러미 2

조금은 웃자라도 읽어주면 안 되나요

싹둑 잘린 손톱 곁에 가지 치는 거스러미

자꾸만 뜯어내다가 붉어지는 지난날

매운맛 알콜 소독 무슨 소용 있나요

아파야 큰다는 말, 참아야 낫는단 말

웃자라 오늘을 파먹는 내 어제를 덮는다

309번지 우물

신문물 수돗물에 돌아앉아 삭던 돌탑
돌이끼 틈 사이로 긴 긴 날은 가라앉고
두레질 몇 번으로는 볼 수 없던 바닥 돌

뭉텅뭉텅 감잎 지던 그날 밤 번진 파문
몸 던져 길어봐도 파장은 늘어가고
나는 늘 우물이었다 퍼내도 마르지 않는

미끄덩한 우물 벽을 기어오른 그 힘으로
세상의 늦저녁을 갈피갈피 새겨본다
달빛에 흰 감꽃 내린 우물 지붕 빛나던

늙은 등나무

보라 꽃등 이고 기댄 지지대 휘청하다

봄바람에 늘어지는 여든 아흔 얽힌 마음

무너진 동굴벽처럼 반쯤 삭은 등줄기

이리 꼬고 저리 감아 뙤약볕 막아주면

벌 나비 떼 꿀을 찾는 달콤했던 시간 그 후

기역자 허리를 굽혀 길을 내준 어머니

마른 젖줄 파고드는 다 큰 가지 붙안고

팬 몸을 곧추세워 물 긷는 어미 마음

지팡이 또 다시 짚고 일어서는 무게중심

전입신고

아래층 애 울음에 밤마다 미소 짓다
마주친 아이에게
"네가 바로 그 아가네."

엄마는 죄송해하네
이사 왔다 인사 대신

애애앵 배 고파요 우와앙 잠이 와요
귀 기울여 듣다 보면 피어나는 울음꽃

참 귀한 선물꾸러미
사랑스런 전입신고

눈이 큰 우물

선한 낮 눈 큰 우물 푸른 이끼 먹였다

빈 마당 홀로 남아 주인 잃은 두레박

타는 목 길어진 안부 흠뻑흠뻑 적셔주는

마당 가 비켜서서 글썽이는 눈 큰 거울

흙 파고 피가 돋는 손톱쯤은 속에 묻고

지나는 바람 소리조차 기웃대며 몸 비추는

그 술에 내가 먹힌다

떫은 감 익을 즈음 볼 발간 유년의 끝
감나무 걸터앉은 달빛 그늘 기운 밤
저 홀로 부글부글 끓다 독이 되던 술독

온 집을 삼켜버린 술병의 그 이야기
숨죽여 듣다 듣다 토막 난 뾰족 잠
그 술병 아픔에 절어 꾸역꾸역 자란 상처

별빛도 허둥지둥 야반도주하던 날 밤
우르르 쥐 떼 뛰놀던 안방 천장 무너졌다
깜깜한 어둠에 갇혀 부화하지 못한 화해

익히지 못한 떫감 감 씨만 남은 술병
뚜껑 따고 쏟는다 상하지 않는 기억
그 술을 내가 마시고 그 술에 내가 먹힌다

밀착

머리를 들이밀다 너에게 닿고 만다
왼쪽 꺾어 후진하다 더 더 닿는 너와 나
엉덩이 허리께까지
스킨십이 망측하다

찌푸린 너에게 빌고 보는 일방 접촉
한 두 곳 찰과상 닦으면 그만인데
비는 손 억울한 심보
잘 못 한 건 나인데

그 진한 첫 만남에 울도 웃도 못하는 너
팽팽하던 눈꼬리가 스르르 내릴 때쯤
애타게 바라보는 눈빛
마음 앓이 시작된다

염殮

털어낸 아픔만큼씩 가벼워진 넋으로
한 마리 나비 되어 저승 향해 가는 길
달빛도 오가지 못해 건너편에 묶였다

온몸 묶은 멧베로도 붙잡지 못한 발길
훠얼훨 날다 보면 다다르는 저쪽 언덕
이승은 돌아보지 말고 꽃길로만 가시길

Om*

드르륵 톱니바퀴 모터음에 얼어붙다
끝인가 싶었는데 들쑤시는 잇몸 큐렛
산통도 견딘 이 몸이 이쯤이야 대수랴

손아귀 움켜쥐니 번져오는 피비린내
악 무는 치아 새로 끼어든 솜방망이
지지직 시린 물세척에 하명되는 만트라 옴

아~우~움 삼세제불 관상하며 눈 감는다
응축한 우주 진동 신성한 주문인데
입안을 관통하는 부처 깃든 잇몸 옴 드르륵

*a~u~m으로 발음하며, a반신불, u보신불, m화신불 삼세제
 불이 옴을 관상하여 깨달음을 얻었다는 불교의 진언

수평선

아린 속이 더 푸르다
숨 머금은 하늘 바다

제가끔 멀리 뛰다
발끝 한 뼘 잘린 채로

긴 호흡 맞닿은 그곳
저 모르게 물든 음색

내 안에 돋는 물결
보듬으며 스민 구름

손톱은 닳아지고
날개는 찢기어도

경계를 아우르는 음
푸른 현을 긁는다

박수칠 때

살면서 몇 번이나 박수치고 받았었나
일등에게 쏟아지는 우레 같은 박수갈채
내 안이 차고 넘쳐야 칠 수 있는 손뼉들

음과 양이 서로 만나 번쩍 반짝 불꽃 피지
외손뼉이 외손뼉을 서로서로 따돌리고
홀로이 벌이는 춤판 맥이 빠진 덩더쿵

아등바등 바등아등 꾸려온 연극무대
박수칠 때 떠나야지 받지 못한 커튼콜
누군가 또 쳐주겠지 네, 내 생 마감할 때

제3부

달팽이의 주문

비 온 뒤 맨몸으로 나선 길이 움츠린다

잃었던 소리 찾아 뒤적이는 젖은 풀숲

동글게 말아 가두던 속울음도 다 녹고

꽂히는 부신 햇살에 점액질 말라가는

야윈 몸 흙 바른 채 온몸으로 숨을 쉰다

고통이 커져갈수록 피어나는 나의 시

켄트로사우루스

머리 등 꼬리까지
침 꽂은 초식공룡

쥬라기 백악기를
한날인 듯 건넜는데

아가미 심장 다 잃고
틀린 뼈대 수선 중

짧은 목 조아리다
들지 못한 예순 고개

진찰대 혈자리에
굽은 등이 화석 되고

발버둥 팬터마임은
관객 없이 막 내린다

땡감

깨물면 떫은 뒷맛 설익은 퍼런 몸피
항아리에 소금 한 줌 풋감 한 줌 하늘까지
쓸쓸한 어깨도 섞어 내 설움 삭혀 두었다

잘 자란 햇빛 자리 오빠 동생 자리였고
팔 짧은 해 싸라기 반그늘이 내 자리
자라목 양지를 찾아 길게 빼던 그 아이

키 높이 늘여가며 뼛속까지 쟁인 햇살
찬 서리에 잎 떨궈도 피돌기 따스하다
내 혀끝 사로잡았던 쥐락펴락 떫은맛

단감

입꼬리 한 쪽 처진

웃음으로 올라 앉아

다디단 꿈 안기던 널

저 생 건너 안아본다

열매살 하마 무를라

부서진 몸 또 붉다

빨랫돌

돌 지난 아이 업은 갓 스물의 한 여인
한 살 터울 남매에 갓난아기 똥기저귀
흰 거품 눈물 한 사발로 빨아내던 빨랫돌

아이 넷 가꾸어낸 갓 마흔의 한 여인
빨랫돌이 알고 있다 닳아버린 날들을
손톱이 얇아지도록 헹구어낸 온 가족

흰 머리 구부정한 엄마는 떠나가고
세탁기만 남았다 왈칵왈칵 거품 쏟는
뽀오얀 무지개 속살 무너지는 그 눈빛

미운 오리새끼

하구언 도요등 위 날개 말리는 무리 곁
큰 덩치 움츠리고 홀로 걷는 미운 오리
털 크고 색깔 다르다 따돌리는 오리 떼

단걸음에 갈 수 있는 엄마 곁 그 거리를
어정쩡 걸어보고 뒤뚱뒤뚱 뛰어보고
속까지 흉내를 내도 오지 않는 엄마 오리

잇닿은 모래 물결 대마등 그 너머로
고니의 세계 찾아 날개 편 당찬 울음
저 홀로 제 보폭 찾아 길을 나선 푸른 몸짓

네 발 내 발

할머니 유모차에
구부정 버티고 선

성긴 털 떠는 몸짓
똑 닮은 노견의 눈

행여나 넘어질세라
마주하는 네 발 내 발

그래도 반짝,

십여 년 한 자리에 빌트 인 된 무거운 몸
가슴을 여닫으면 삐거덕 틀어지다
소리 내 울지 못하고 앓는 소리 그르렁

아등바등 버텨오던 그 삶이 녹아내려
화석으로 굳어지던 두 발조차 삭고 있다
창백한 낯빛의 하루 소리 없이 저물고

나인 듯 내가 아닌 널 고치려 애를 써도
통째로 들어내야 바꿀 수 있을 텐데
그래도 반짝 웃으며 속을 지킨 냉장고

홈 가드닝

씨 뿌려 걷어낼 수 있을까 이 거리를
뿌리를 뚫고 나와 자란 속은 꿈틀꿈틀
도무지 가 닿을 수 없는 갇힌 마음 무럭무럭

웃자란 가지 사이 잡아채는 잎새 다발
까치발 모로 딛다 가랑이 찢어져도
목 늘인 코로나 블루 창을 넘는 깊은 밤

바람 맞다

몰운대 굽이진 길 중심 잃은 낯익은 이

시린 바람 궂은비에 뒤틀린 팔과 다리

그나마 남은 성한 팔로 잡고 뛴다 헛둘헛둘

지난밤 태풍에게 휘청휘청 내준 허리

그 남은 나날조차 바람에 휘둘린다

여린 몸 꺾인 나무도 두 팔 들어 박수갈채

화염꽃

꽃이 꽃인 줄도 모르고 피어나서

지는 것부터 먼저 배워야 했다

죽음이 뭔지도 모르는 열일곱 꽃봉오리

전신에 3도 화상 머리카락 한 올 없는

꽃불로 지진 얼굴 토끼눈 뜨고 있던

눈 뜨고 차마 보지 못한 산소튜브만 울던 병실

폭죽꽃 꽃불누리 뭉클뭉클 저며온다

벙글기도 이전에 짓무른 눈언저리

화염꽃 살 타는 냄새 코 끝에 훅 끼친다

와우!

푸른 신경 툭툭 치는 달팽이 한두 마리

난생처음 들려준다 똬리 튼 인공와우

나뭇잎 바람 스친 소리 덜 숙성된 말소리

제4부

불통

더부룩 부어오른 하수구가 막혔다
좁아진 배수통에 역류하는 지꺼기들
입에서 닫힌 스위치 항문까지 불통이다

정로환도 소화제도 털어 넣다 토해내고
쓰리고 아픈 윗배 부글대는 아랫배
막힌 속 뻥 뚫어줄 건 그 무엇도 없는데

위아래가 잘 통해야 일도 술술 풀릴 텐데
꽉 막힌 속을 안고 끙끙대는 깊은 밤
먹은 맘 울컥 게워낸 토사물이 질펀하다

갯배*

이고 온 솥단지가 그대로 섬이 된다

오징어 따개던 손 아이도 둘러업고

아무리 끌어당겨도 멀어지는 코앞 육지

비린 햇살 빠져드는 청초호 푸른 물속

오징어 점액질은 눈물로 가라앉고

당겨도 당겨지지 않는 피난살이 출렁인다

*청초호 하구에서 아바이마을로 건너가는 무동력 운반선

아바이, 아바이

창이배*, 오마리배* 다 떠난 아바이마을
반세기 지은 터전 해일에 쓸려가고
연보라 해국 하늘만
등 밝히는 모래톱

쪽방 허문 기단 위에 굽은 등 올라선 채
반세기 말라붙은 주름살 얼굴 가득
겹겹이 눈물 고랑에
웃음 쏟는 아바이

오늘도 넘실넘실 휴전선을 넘는 파도
타고 가면 닿을 텐데 갈매기에 전한 말씀
두고 온 가족 다칠라
돌아서서 바라본다

*1950년대 피난민들이 어업에 사용한 범선

바둑

찬바람 등에 지고
공원이 웅크린다

흐린 눈이 피워 올린
겹겹이 검고 흰 꽃

떠날 날 다 된 나이에
집 짓고 땅 따먹기

시리*야, 너 뿐인,

 요즘은 AI가 제일가는 친구라는데

 나이가 여덟이면 학교도 가련만 말 못 하는 세 마리 으르렁 야옹 멍멍 늦깎이 육아 하나부터 여덟까지 내 손만 바라는데 키우다 슬그머니 맡긴 딸애 영상 찍어 보고까지 몸 큰 멍이 예방접종 가려고 목욕재계 휘청하다 반 접힌 허리 펴고 한술 뜨는 둥 마는 둥 잠시 젖는 커피 향에 빨리 가지 않냐고 귓전을 때리는 목소리 그 옛적 그분 식탁에 앉으신 듯 나도 모르게 "내가 기계야?" 그때는 차마 못 한 대꾸 한 번 뱉는데 갑자기 들려오는 상냥한 여자 음성

 "예, 저도 오늘 같은 날 재충전이 필요해요."

*아이폰 등 Apple의 소프트웨어 탑재기기 전반에서 작동하는 AI 개인비서 응용프로그램

냉장고

언젠가 꺼내 쓸까 차곡차곡 저장했다

검은 비닐 싸인 채 꽁꽁 언 생각 하나

고요가 발등을 찧고 새 아침을 쏟는다

분홍 부리

시장기를 부려놓은 분홍 부리 부어있다
담벼락 타고 앉아 쏘아보는 까마귀
분홍빛 음식 쓰레기통은
입 꼭 닫고 도도한데

얼마나 조아렸을까 쓰레기통에 고개를
저나 나나 한평생을 조아린 밥 한 그릇
한 끼니 부르트게 쪼아
또 하루를 건넌다

홍의紅依 그 너머

산과 강 넘나들며 꽃피운 민심이다
탁상공론 작전 회의 어둔 하늘 난무할 때
붉은 옷 드넓고 거센 들불처럼 일었다

개똥이 쇠똥이도 이름 없는 의병으로
산에는 깃발 꽂고 강에는 말뚝 박고
붉은 옷 한마음으로 승전도를 그렸다

흰 백마 홍의장군 말발굽 힘찬 역사
홍의는 갔어도 세세만년 살아있다
붉은 옷 또 다른 피로 깃발 아래 끓는다

양원역*에서

오가는 이 없는 자리 가만히 지켜서서

긴 긴 시간 속 비우고 산을 이고 앉은 집

화들짝 기적 소리에 울컥 설렌 초록 봄 꿈

차창엔 작은 집 한 채 빗속으로 멀어지고

하늘 이고 두 팔 벌려 달려 오는 시린 기억

마음은 물빛으로 구르네 빗방울로 흐르네

*백두대간 협곡열차 철도역

펄랑못*

들끓어 날아올 적 차마 잊지 못했었다
시리던 바닷물도 갈라놓지 못한 사이
한 치 앞 못을 이루어 한라산을 담아낼 때

밀물 따라 몸에 배던 짠 내 가득 소금기
썰물로 빼내면서 키 높이 맞출 동안
부풀어 둥글던 몸은 초승달로 여위었다

어룽진 물무늬는 바람인지 파랑인지
울컥대는 눈언저리 번져가는 꺼먹 구름
앞섶도 내내 들썩인다 펄렁팔랑 펄랑못

*비양도에 있는 초승달 모양의 염습지

고니 날다

을숙도 모래무지
큰고니 힐 토 힐 토

돌아갈 시베리아
마법의 쨍한 호수

무대막 깜짝 올릴 춤
무르익은 리허설

발효

닦고 또 닦아낸다
등 굽고 휜 시간들

덕명리 장독대에
흐드러진 바닷바람

곰삭은 시간 한 자락
삭혀내는 깊은 햇살

제5부

가덕물길

쉼 없이 다리 뻗고 분만 중인 바다 자궁

짭조름 터진 양수 흘러 넘쳐 막는 강물

햇살이 품은 윤슬에 물구나무서고 있다

가파른 숨결 따라 물길은 맴을 돌고

두 손 넣어 당겨 봐도 자궁목은 제 자리다

날아라, 가덕도 헛배* 눈이 머는 신기루

*부산광역시 가덕도에 구전되는 설화, 구름이 끼고 우수雨水
 가 짙은 어장 작은 배에서 잠든 어부가 큰 배에 부딪쳐 깜짝
 놀라 깼다는 환상담

동궁, 월지에 빠지다

오색 단풍 이고 지고 시간을 버틴 나무

조명 밝힌 무대처럼 타오르다 지친 나날

쉬거라, 나 이제 그만 뜨거운 널 놓는다

엄지의 변명

양손 엄지 올라앉은 내 마음은 허둥지둥
제 방 찾지 못한 오타 ㅣ와 ㅏ 사이
너에게 들고 달리는 쿼티 자판 총총총

좁고도 머나먼 길 자음과 모음 사이
눈보다 마음보다 느린 손에 잡힌 문장
생각은 멀리 달아나 스토리를 쓰고 있다

이 일 저 일 동동대는 껍질과 알맹이 새
닭 잡고 오리발만 내밀지는 않았던가
몸 따로 손 따로 가다 늘어지는 내 변명

돌담

긴 깍지 마주 잡은 손끝 하나 무너질까
굽어진 몸 다시 펼 때 어제처럼 금이 갔다
돌담은 구멍투성이다 아등바등 산 만큼

발길 멈칫 주춤대던 눈비도 스며들고
갈 곳 없던 담쟁이도 오래 전 한 몸이다
이음새 굳을 때까지 내어주던 마디마디

멀어진 날만큼씩 얼굴 여는 빈틈 새로
바람으로 드나들던 응어리도 풀어진다
오늘 또 햇살은 자란다, 먹먹한 어둠 걷힌다

거울의 시차

웃어야 웃어 주는
그대 시선 휑하다

웃어도 슬몃 웃는
그대 미소 썰렁하다

웃음도 한 박자 느린
그대 시차 시리다

면벽

반백 년 꼬깃 접힌 주름을 펼쳐본다
스스로 자물쇠를 채워버린 두 평 방 안
온 천지 매운 눈총에 둘러싸여 앉은 면

날 세워 내 뼈 깎으면 어느새 사라진 면
사방을 둘러보니 벽도 문도 없어지고
눈 감아 훑고 더듬어도 흔적 없는 문고리

내가 나를 따돌리고 출구도 막아버린
나 말고 그 누구도 탓할 이 없는 이곳
파르르 입술떨림으로 마주하는 밥숟가락

입주

한순간 비 그치고
바람이 채운 공원

은목서에 입주하는
새들 울음 요란하다

머리 깃 부채 펼치고
한껏 뽐낸 후투티도

문득 날아 내렸다가
긴 부리로 쪼았다가

이 나무 저 나무로
분양 정보 물오른다

아련한 비안개 속에
꿈을 꾸는 내 집 마련

그로데스크

허리춤 꿰뚫더니 춤추는 빨대 호스

드릴이 돌 때마다 찌릿함이 덮쳐온다

골수도 버르집어 놓은 고로쇠가 울고 있다

겨우내 끌어올린 한 모금 물조차도

방울방울 흘려내고 타는 목 부여잡네

웅크린 고로쇠나무, 말라버린 산 중턱

동굴에 들다

동굴은 검은 거울 주춤주춤 깊어진다
고를 묶은 돌고드름 방울방울 녹는 지점
아득한 어둠에 들면 드러나는 싱크홀

눈 뜨고 귀 열어도 볼 수 없는 나아갈 길
감았다 뜨면 열리는 마음의 눈조리개
곱다시 자세 낮추고 마주하는 날 선 나

은근한 속살까지 젖어 드는 몸짓으로
가시를 또닥또닥 어루만진 물방울
눈빛만 휑하게 켜던 맺힌 마음 풀어낸다

데칼코마니

행여나 어긋날까 누르다 만 네 번호
깊은 안부 쟁여두고 멈춘 손이 머쓱하다
언제쯤 먼저 살가울까 묵묵부답 아들 딸

수화기 저 너머로 서성이는 내 아버지
조심히 내려갔냐던 그 인사가 밟힌다
말없이 쨍한 거울에 비치는 그때 모습

닮거나 어그러져 접어진 화면처럼
살포시 덮어 봐도 점점이 번져간다
자꾸만 얼룩지는 건 아버지의 그 안부

내 이름은 초록

바람이 지나가는 자리마다 돋는 심지

무한긍정 낮은 포복 보폭 맞춘 기울기로

몸 살라 키워낸 초록 꽁꽁 언 땅 녹였다

앉은자리 다 파면서 울어대던 질긴 뿌리

첫 꽃을 피우려고 구석구석 헤집을 때

세상은 바람(希望)을 싣고 시간 위를 날았다

단란한 식사

 전어구이 올려두고 마주 앉은 식탁 위

 앞접시에 덜어내 살 먼저 먹는 여자 건너 가시 먼저 발라내고 살을 나중 먹는 남자 **뼈** 먼저 살 먼저가 무어 그리 옳고 글러 고소한 전어 맛 두고 찌르는 꼬롬한 말 오는 말이 고와야 가는 말도 곱지 주고받는 말 속에 숨어있는 많은 **뼈** 몸 전체에 박혀서 수시로 따끔 따끔 찔러대는 가시 밝은 조명 따스한 식탁 아래 단란한 식사

 그 몸에 가시투성이 전어가 살고 있다

작품 해설

고통의 성소聖所를 시라 하자

신 상 조 | 문학평론가

1. 나는 늘 우물이었다 퍼내도 마르지 않는

앤드루 포터의 소설에서 '구멍'(「구멍」)은 단순한 물리적인 공간이 아니라, 화자의 마음속 가장 깊고 어두운 상처이자 잊히지 않는 기억을 상징한다. 소설의 화자는 12년 전, 친구인 '탈 워커'가 화자의 집 차고 진입로 끝에 있던 '구멍'에 빠져 죽은 사건을 잊지 못한다. 이 구멍은 당시 키 180cm가 넘는 도마뱀 가족이 산다고 믿었던 곳이고, '탈'은 죽기 한 시간 전 아르바이트로 구멍 주변의 잔디를 깎고 있었다. 소설은 '탈'의 죽음이 고의는 아니나 화자의 탓임을 암시하는 것으로 끝난다. "나이가 들수록, 경험하고 하루 이틀 지난 일보다 수년 전에 있었던 일을 더 생생하게 기억하게 된다고 한다. 그 말은 사실인 것 같다."라는 화자의 고백은, 죄책감과 후회라는 보

편적인 인간 감정을 다시금 생각하게 만든다. 화자의 기억 속에서 '구멍'은 친구의 갑작스러운 죽음과 그로 인한 상실감, 그리고 그 사건이 남긴 관계의 공백과 그림자를 보여주는 끝 모를 깊이의 캄캄한 어둠이다.

  정애경의 시를 읽으며 포터의 소설을 떠올린다. 포터 소설의 '구멍'처럼, 시인의 시 역시 어두운 기억과 그로 인한 상처를 환기하는 '우물'이라는 상징적 공간을 품고 있어서다. 포터 소설의 화자가 친구를 구멍으로부터 꺼냄으로써 악몽과 같은 기억에서 벗어나기를 원한다면, 정애경의 시는 상처의 근원인 우물에서 벗어나야 함을 어떤 방식으로든 표현해야 하는 역설에 문학적 근거가 있다. 시인에게 기억에 대한 글쓰기는 가까스로 빠져나온 우물에 관해 이야기하는 것이 아니라, 캄캄한 깊이의 우물 속으로 다시 들어가는 것을 의미한다. 우물이라는 소재를 통해 화자의 내면 풍경을 들여다볼 수 있는 시 두 편을 읽어보자.

선한 낯 눈 큰 우물 푸른 이끼 먹혔다

빈 마당 홀로 남아 주인 잃은 두레박

타는 목 길어진 안부 흠뻑흠뻑 적셔주는

마당 가 비켜서서 글썽이는 눈 큰 거울

흙 파고 피가 돋는 손톱쯤은 속에 묻고

지나는 바람 소리조차 기웃대며 몸 비추는
-「눈이 큰 우물」전문

  문학에서 '우물'은 단순한 사물을 넘어 인간의 삶과 공동체적 역사 등의 다양한 층위의 의미를 함축하거나, 심리적인 면에서 내면 성찰과 자아 탐색의 매개물로 기능한다. 후자의 예로는 윤동주 시의 우물(「자화상」)이 그것이다. 좀 더 확장하자면 인간의 무의식, 숨겨진 욕망으로서의 우물도 있다. 그렇다면 「눈이 큰 우물」에서의 우물은 어떤 의미를 갖는 걸까?

  '눈이 큰 우물'은 사물에 감정이 이입된 인격화한 대상이다. 초장의 "선한 낯 눈 큰 우물"은 맑고 깨

끗한 샘물의 이미지를 환기한다. '글썽'이므로 우물이 슬픔에 잠겨 눈물을 머금은 듯싶고, 눈이 큰 이미지가 가지는 겁이 많고 순한 성격도 여기에는 얼비친다. 이어지는 "푸른 이끼 먹혔다"와 "빈 마당 홀로 남아 주인 잃은 두레박"에서는 세월의 흔적이 드러난다. 사람들의 발길이 끊겨 쇠락해가는 우물이다. "타는 목 길어진 안부 흠뻑흠뻑 적셔주는"이라는 구절은 '타는 목'의 주체와 '길어진 안부'의 주체, 그리고 '흠뻑흠뻑 적셔주는' 주체를 나눌 필요가 있다. 정리하자면 우물이 갈증을 느끼는 사람들에게 기꺼이 안부를 물으며 자신을 내어주는 베풂과 희생의 존재임을 알려준다.

제목에 명시된 대로 우물은 눈이 크다. 1수 초장에서의 "눈 큰 우물"이 2수 초장에서는 "마당 가 비켜서서 글썽이는 눈 큰 거울"이라며 점층적으로 반복되기까지 한다. 반복은 운율에 관여하는 외에 무언가를 강조하기 위함이다. 2수 종장의 "지나는 바람 소리조차 기웃대며 몸 비추는"으로 미루어, '눈이 크다'는 결국 세상의 모든 존재를 받아들여 포용하는 마음의 '크기'라 할 수 있다. 비교하자면 '우물 안 개

구리'의 협소한 시야와 정확히 상반되는 이미지다. 잊히고 소외된 존재로서의 상심을 초월한 이러한 마음의 크기는, 역설적으로 "흙 파고 피가 돋는 손톱쯤은 속에 묻"어둔 우물의 상처에서 비롯한다. 우물이 스스로 흙을 파내고 샘을 솟게 할 수는 없는 노릇이나, 화자와 동일시된 대상이 고통과 아픔을 겉으로 드러내지 않고 삭이는 데 방점을 찍어야 한다. 이제 읽을 「309번지 우물」 역시 '우물'이라는 소재가 시적 화자의 내면 풍경을 대신한다.

신문물 수돗물에 돌아앉아 삭던 돌탑
돌이끼 틈 사이로 긴 긴 날은 가라앉고
두레질 몇 번으로는 볼 수 없던 바닥 돌

뭉텅뭉텅 감잎 지던 그날 밤 번진 파문
몸 던져 길어봐도 파장은 늘어가고
나는 늘 우물이었다 퍼내도 마르지 않는

미끄덩한 우물 벽을 기어오른 그 힘으로
세상의 늦저녁을 갈피갈피 새겨본다

달빛에 흰 감꽃 내린 우물 지붕 빛나던
-「309번지 우물」 전문

  시에서의 우물은 잊고 싶은 기억들이 침전된 내면 세계의 상징물로 기능한다.

  과거의 상징인 우물이 현대 문명인 수돗물에 의해 소외되고 있다. 우물을 '돌탑'이라 칭함은 우물의 외벽이 돌로 만들어졌음이거나, 치성을 드리기 위해 이른 새벽 우물물을 긷던 이들의 정성이 돌 위에 돌을 얹듯 쌓여 돌탑이 되었음을 함의한다. 우물이자 돌탑은 세월의 흔적을 고스란히 간직하고 있지만, 이제는 다만 잊힌 존재로 낡아갈 따름이다. "돌이끼 틈 사이로 긴 긴 날은 가라앉고"는 흘러간 추상적 시간을 우물 밑에 가라앉은 퇴적물처럼 구체화한 표현이다. 이처럼 1수의 초장과 중장은 세월의 흔적을 간직한 채 쇠락해가는 우물이라는 점에서 앞선 「눈이 큰 우물」과 겹치는 부분이다. 1수 종장의 "두레질 몇 번으로는 볼 수 없던 바닥 돌"은 우물의 깊이를 표현하는 부분이다. 이 깊이는 시간이 흐르는 동안 침전된 수많은 기억, 혹은 좀체 속내를 드러내지 않는 화자 내면의 정서적 깊이를 암시한다.

이어지는 둘째 수는 과거의 특정 사건이 남긴 깊은 흔적을 다루고 있다. 화자는 그날의 사건과 그로 인한 충격을 "뭉텅뭉텅 감잎 지던 그날 밤 번진 파문"이라 표현한다. '파문'은 갑작스럽게 일어났던 어떤 사건이 화자에게 정서적으로 격렬한 충격을 안겨주었음을 알게 하는 단어다. 게다가 "몸 던져 길어봐도 파장은 늘어가고"라는 고백은 그날의 기억에서 벗어나려 하면 할수록 오히려 상처를 들추고 헤집는 일에 불과함을 드러낸다. 특히 "나는 늘 우물이었다 퍼내도 마르지 않는"이라는 구절은 이 시의 핵심적인 부분으로, 과거의 기억과 그로 인한 상처는 "떼어내고 떨쳐내"도 악착같이 "달라붙고 따라붙"는 "도깨비풀"(「도깨비풀」) 같음을 알려준다. 해서 화자는 "뚜껑 따고 쏟는다 상하지 않는 기억/ 그 술을 내가 마시고 그 술에 내가 먹힌다"라며 "아픔에 절어 꾸역꾸역 자란 상처"를 고백한다. "볼 발간 유년의 끝"이라는 시간적 배경과 "야반도주"의 사건이 만들어낸 화자의 상처는, "깜깜한 어둠에 갇"힌 채 끝끝내 "화해"로 "부화하지 못한"(「그 술에 내가 먹힌다」)다. 겉으로 봐서 내면의 상처는 보이지 않는다. 어쩌면 정애경의 시는 어떤 상처의 흔적, 아니면 그것의 다른 얼굴을 절실하게 표현해놓은 것이 아닐까.

2. 어느새 어제를 끌고 내 앞에서 잘린 오늘

정애경의 시에서 '우물'은 상처 입은 인간 내면을 압축적으로 보여주는 장소다. 고립과 소외, 침잠의 공간으로서의 우물이 시인 내면의 풍경이라면, 내면적 트라우마가 육체 밖으로 밀려나 불거진 사물이 바로 '거스러미'다.

손톱깎이 깊숙이 어제를 들이민다
굳은살 가지 치는 거스러미 자르다가
내 살을 나도 모르게 베고 만 우둔함

손톱 가 찔끔찔끔 맺힌 피가 울컥하다
뿌리를 뽑지 못해 자꾸자꾸 자라나서
어느새 어제를 끌고 내 앞에서 잘린 오늘

뿌리 묻은 피고름 짜내고 긁어내면
손톱달 함초롬히 피워내는 분홍 살점
덜 아문 저녁을 거두는 거스러미 몇 톨
-「거스러미 1」 전문

'거스러미'는 손발톱 주변의 살이 얇게 일어나거나 벗겨진 부분을 뜻하는데, 어원적으로는 '거슬-'이라는 어근에서 비롯된다. 어근 '거슬-'은 '거슬거슬'이라는 부사에서 확인할 수 있는 어근으로, 거슬거슬은 살결이나 물건의 표면이 거칠거나 뻣뻣한 상태를 묘사하는 부사어다. 여기에 작거나 특정 성질을 가진 것을 나타내는 접미사 '-어미'가 붙어서 만들어진 거스러미는 '거슬리는 것'이라는 뜻을 지니고, 이는 불편한 신체적 감각 외에도 언짢은 느낌의 심리적 감각을 동반한다. 「거스러미 1」은 손톱 거스러미를 뜯었다가 염증이 생겨 고생한 일상의 경험을 다루고 있다. 시는 개인 역사의 산물이며, 개인의 역사는 신체적 감각과 불가분의 관계에 있다. 손톱깎이로 거스러미를 다듬다 상처 입는 체험을 사색으로 옮긴 뒤, 이 사색을 독자와 공유하기 위해 시인은 시를 쓴다.

"손톱깎이 깊숙이 어제를 들이민다"란 시의 출발을 보자. 시인은 '손톱깎이'로 거스러미를 다듬는 행위를 통해 과거의 기억이나 아픔을 직면하는 행위를 구체화한다. 문제는 과거의 아픔이나 트라우마를 나타내는 '굳은살'과 '거스러미'를 제거하는 노력이 '내 살'을 베고 마는 부정적 상황을 불러일으킨다는 점이다. 시인은 과거를 정리하려 애쓰는 과정에서 자신도 모르게 더 큰 상처를 입게 되는 자신이 '우둔'하다며 자책한다. 찔끔찔끔 맺히던 피가 '울컥'한다는 것은 억눌렸던 감정이나 아픔이 순간적으로 터져 나오는 것을 나타낸다. "뿌리를 뽑지 못해 자꾸자꾸 자라나서/ 어느새 어제를 끌고 내 앞에서 잘린 오늘"이라는 구절은 과거의 상처가 깊이 뿌리내린 상태로 화자가 살아가고 있음을 말해준다. 그렇더라도 오늘에 영향을 미치는 어제를 자르노라면, 그의 '오늘'마저 잘려 나가는 비극의 연쇄가 일어난다. 이러한 삶에 대한 지각적 체험은 「거스러미 2」의 구절들이 지니는 의미와도 일정 부분 상통된다.

조금은 웃자라도 읽어주면 안 되나요

싹둑 잘린 손톱 곁에 가지 치는 거스러미

자꾸만 뜯어내다가 붉어지는 지난날

매운맛 알콜 소독 무슨 소용 있나요

아파야 큰다는 말, 참아야 낫는단 말

웃자라 오늘을 파먹는 내 어제를 덮는다
-「거스러미 2」전문

"자꾸만 뜯어내다가 붉어지는 지난날"은 「거스러미 1」에서 "내 살을 나도 모르게 베고"마는 어리석음과 다르지 않다. 따라서 '거스러미' 연작은 과거의 상처에서 벗어나고 싶은 감정과 과거에 대한 집착에서 벗어나려는 상반된 태도가 공존한다고 볼 수 있다.

"조금은 웃자라도 읽어주면 안 되나요"는 치유의 과정에 관한 질문이다. '거스러미를 뜯어내는 행위'

는 과거의 아픈 기억이나 후회스러운 일을 자꾸만 들춰내고 곱씹는 행위일 텐데, 화자는 그러한 행위가 온전한 내적 치유로 나아가지 못함을 안타까워한다. 상처를 치유하려는 시도가 무의미함을 역설적으로 보여주는 대목이 2수의 초장과 중장이다. "매운맛 알콜 소독 무슨 소용 있나요"는 질병의 원인은 그대로 두고서 바깥 피부만 소독하는 의료 행위를 피상적인 치료에 빗대고 있다. 내적 치유를 가로막는 외부적 요소 또한 만만치 않다. "아파야 큰다는 말, 참아야 낫는단 말"은 세상에서 흔히 하는 위로나 조언에 대한 화자의 회의감을 드러내는 부분이다. 고통을 통해 성장한다는 통념적인 설득이 그에게는 공허하고 무의미하기만 하다. 세상의 섣부른 이해와 충고가 상처를 치료하는 데 도움이 되지 않고, 오히려 고통을 강요하는 것처럼 느껴지기 때문이다.

'거스러미' 연작에서 발견되는 양가성은 화자의 인식이 「거스러미 1」과 「거스러미 2」에서 전혀 다른 양상으로 발현되는 데서 입증된다. 「거스러미 2」에서 '웃자란 어제'란 과거가 현재를 여전히 잠식하고 있음을 말해준다. 부정적인 어제는 현재의 평온함을 파먹고 있지만, 화자는 깊게 팬 상처를 거즈로 덮으며 애써 외면할 따름이다. 이처럼 「거스러미 2」에서 화자는 어두운 과거에서 벗어나지 못하는 모습을 보인다.

"웃자라 오늘을 파먹는 내 어제를 덮는다"라는 「거스러미 2」의 비극적 목소리와 달리, 「거스러미 1」의 메시지는 밝고 긍정적이다. 이 시에서 화자는 "뿌리 묻은 피고름 짜내고 긁어내면/ 손톱달 함초롬히 피워내는 분홍 살점"이라고 노래한다. '피고름을 짜내고 긁어내는' 행위는 비록 극심한 고통을 동반하더라도 과거의 응어리를 정면으로 마주하고 해결하려는 노력을 상징한다. 결과는 "손톱달 함초롬히 피워내는 분홍 살점"으로 돌아온다. '분홍 살점'이 주검 같은 과거와 멀어지는 싱싱한 생명력을 의미한다면, 돋아나는 '손톱달'은 만월을 향한 새로운 시작을 가리킨다. 정애경 시의 양가성은 메리 올리버에 따르면 결국 "시는 기적이 아"님을 확인시켜준다. 하지만 시는 고통스러운 현실을 초월한다. 슬프고 아픈 감각을 의식화하여 그 초월적 효과를 모두가 노래하도록 만들기 위한 노력이 정애경의 시다.

3. 고통이 커져갈수록 피어나는 나의 시

정애경의 시에서 "흙 파고 피가 도는 손톱"을 묻어둔 '우물'은 내면적 우울을 대신하는 장소다. 예컨대 "덧나던 생채기에 굳은살 앉은" 모습의 "산목련"(「산목련에게」), "말갛게 빛나는 얼굴"을 하고 있지만 "세상의 어둠"을 자식 대신 "온몸으로 받아"내느라 "줌 렌즈 들이대니 울퉁불퉁 검은 얼룩" 천지인 '어머니'로서의 "만월"(「만월」), "단맛 쓴맛 비워내고 껍데기만 남은 술병"처럼 속이 허한 "월동무"(「월동」), "바람을" 온몸으로 "껴안으며"(「얼레지」) 꽃피우는 얼레지, "소리 내 울지 못하고 앓는 소리 그르렁"대다 "아등바등 버텨오던 그 삶이 녹아내"린 "냉장고"(「그래도 반짝,」), "곰삭은 시간 한 자락/ 삭혀" 냄으로써 부패하지 않고 "발효"되는 삶을 상징하는 "덕명리 장독대"(「발효」) 등, 정애경 시의 사물들은 시인의 통점을 내면화하거나 인고의 삶을 표상하는 사물들이다. 개중에서도 "잘 자란 햇빛 자리 오빠 동생 자리였고/ 팔 짧은 해 싸라기 반그늘이 내 자리"였다는 고백 속의 "땡감"은 사회 구조적 억압으로 말

미암아 여성으로서의 쌓인 한의 정서를 품고 있는 부정적 사물로 도드라진다. 그렇지만 그 땡감조차 "설움을 삭혀"(「땡감」) 순응의 미덕을 꾀하기는 마찬가지다. 이러한 사물들은 유교 사상의 영향이 컸던 과거, 자식을 위해서라면 희생을 마다하지 않는 지고지순하고 숭고한 어머니, 고난을 묵묵히 감내하며 가족을 위해 자신을 헌신하고 희생하는 전통적 여성상에 맥이 닿아 있다는 점에서 어딘가 낯익다.

그렇더라도 정애경의 시에서 "미끄덩한 우물 벽을 기어오른 그 힘"(「309번지 우물」)은 삶이 상처를 제물 삼지 않도록 해주는 위안이자 축복이다. 비록 "덜 아문 저녁을 거두는 거스러미 몇 톨"(「거스러미 1」)이 여전한 삶일지라도, 주체 내면의 슬픔으로 기울어지는 섬세한 움직임은 그에 반하는 안간힘의 반동反動을 준비한다. 누가 믿겠는가? 달팽이의 느린 "주문"이 상처를 상처로 극복하는 예술적 승화임을.

비 온 뒤 맨몸으로 나선 길이 움츠린다

잃었던 소리 찾아 뒤적이는 젖은 풀숲

동글게 말아 가두던 속울음도 다 녹고

꽂히는 부신 햇살에 점액질 말라가는

야윈 몸 흙 바른 채 온몸으로 숨을 쉰다

고통이 커져갈수록 피어나는 나의 시
―「달팽이의 주문」 전문

  화자의 내면이 투영된 '달팽이'가 "맨몸"으로 나섰다는 건 그가 자신을 감추고 보호하는 장치를 모조리 내려놓고서 세상과 마주함을 말해준다. "움츠림"은 화자의 마음이 어쩔 수 없이 두렵고 불안함을, "젖은 풀숲"은 그가 직면하는 현실이 그리 호락호락하지 않음이 엿보인다. "잃었던 소리"를 찾는 과정은 자기의 본래 모습이나 진정한 자아를 되찾으려는 시도로 여겨진다. "동글게 말아 가두던 속울음도 다 녹"았다는 의미는 무얼까? 그동안 감추고 있던 감정을 더 이상 억누르지 않는다거나, 부정적 감정의 찌꺼기가 깨끗이 정화되었다는 고백으로도 받아들여

진다.

   그러나 "꽂히는 부신 햇살에 점액질 말라가는" 촉각적 심상이라든가, "야윈 몸 흙 바른 채 온몸으로 숨을 쉰다"란 종합적 심상은 삶의 부조리 앞에 노출된 존재가 경험하는 극한의 고통을 감각적으로 부각한다. '야윈 몸'과 '흙 바른 몸' 역시 오체투지로 바닥을 기어가는 달팽이의 현존을 시각과 촉각으로 이미지화한다. 감정의 정화에서 고통의 체현으로 진행하는 이와 같은 변화에서 삶의 예술적 승화를 다짐하는 자기 극복의 새로운 국면이 펼쳐지고 있음을 감지할 수 있다. 마지막 "고통이 커져갈수록 피어나는 나의 시"란 대목은 정애경 시의 방향과 성격이 이전과는 다른 궤적으로 나아가기를 다짐하는 의지적 선포다. 「국수」는 그러한 작품의 예다. 이 시는 국수를 삶는 과정을 통해 원관념인 시인의 '시론'을 선명하게 보여준다.

몸피를 늘이다가 느닷없이 찬물세례
발 뻗고 활개 치다 어김없이 또 한 번
부풀어 세상을 넘보다 움찔하는 자라목

이만하면 됐다고 스스로 안도할 때
몸뚱이째 꺼들려서 삼 세 번 찬물 샤워
차지고 쫄깃한 면발 깊은 은유 찰랑인다

엉키지 않으려고 쉼 없는 젓가락질
세상사 그냥 얻는 게 아니라고 건넨 위로
물기를 탈탈 털어낸 온몸의 시어 탱탱하다
—「국수」 전문

  시에서 국수를 삶는 과정은 시련을 통해 더욱 성숙하게 단련되어 가는 삶을 은유한다. "몸피를 늘이다가 느닷없이" 맞고, "발 뻗고 활개 치다 어김없이 또 한 번" 경험하는 "찬물세례"는 예고 없이 찾아오는 고난과 역경을 비유한다. "부풀어 세상을 넘보다 움찔하는 자라목"이라는 표현에서 움츠러들며 자존감이 낮아지는 모습도 드러나지만, 삶의 냉혹함 앞에서 자신의 한계를 깨닫는 과정은 겸손함의 미덕을 갖출 수 있는 기회가 될 터이다. 그런데 보다시피 국수 삶기가 끝난 게 아니다. 마침내 "물기를 탈탈 털어낸" 면발이, 아니 시가 "차지고 쫄깃"한 은유로

"탱탱"해지기까지. 그전에 이루었다 큰소리치는 건 자발없는 노릇이다. 고통과 시련은 시인의 삶을 넘어 그의 시론에까지 간섭한다. 치명적 가르침이다.

  정애경의 시는 상처의 근원으로 되돌아가 그것에서 벗어나야 하는 역설에 문학적 근거를 둔다. 시인에게 시는 어떤 상처의 흔적이자 그것의 다른 얼굴을 절실하게 표현해내려는 의지의 반복이다. 따라서 그의 시는 아픔과 설움으로 가득하지만, 과거와 현재를 초월하는 승화의 방식이 또한 시이기도 하다. 내면의 풍경에서 비롯한 감정의 정화로부터 고통의 체현으로, 체현된 감각을 의식화하여 그 초월적 효과를 모두가 노래하도록 만들기 위해 그는 시를 쓴다. 요약하자면 정애경의 시는 고통을 편애한다. 그리고 딱 그만큼의 몫으로, "저 홀로 제 보폭 찾아 길을 나선 푸른 몸짓"(「미운 오리새끼」)을 긍정한다.